Miriam Liedvogel

Handbuch für kleine Wattforscher

VERLAG
ESE

Miriam Liedvogel,

geboren 1977 in Freiburg im Breisgau, absolvierte 1997/1998 ein Freiwilliges Ökologisches Jahr (FÖJ) im Nationalpark-Haus Dornumersiel.
Fasziniert vom Ökosystem Wattenmeer, der Bedeutung dieses Gebietes für Zugvögel, der Schönheit der Küsten- und Insellandschaft - vor allem aber inspiriert durch die Fragen, die Kinder ihr auf Erkundungstouren ins Watt gestellt haben - entstand dieses Buch.
Heute hat die promovierte Biologin ihr Hobby und die Begeisterung für Zugvögel zum Beruf gemacht. Sie leitet eine Forschungsgruppe am Max-Planck-Institut für Evolutionsbiologie und untersucht die genetischen Grundlagen des Vogelzugs.

Impressum:

Verlag: Enno Söker, Marienkamper Straße 1,
26427 Esens, Tel. 04971 / 9105-0
info@soeker-druck.de, www.soeker-druck.de

Layout, Satz und Umschlaggestaltung
(unter Verwendung zweier Zeichnungen von Miriam Liedvogel):
Verlag Enno Söker, 26427 Esens

Druck und Gesamtherstellung: Druckerei und Verlag Enno Söker, 26427 Esens

1. Auflage: März 2016
Text und Illustrationen: Miriam Liedvogel
Vermittlung: Uilke van der Meer, Nationalpark-Haus Dornumersiel

Gedruckt auf FSC 100% Recycling-Papier

ISBN: 978-3-941163-22-5

Liebe Leserinnen und Leser,

im Rahmen der Freiwilligenarbeit am Nationalpark „Niedersächsisches Wattenmeer“ wird mit viel Einsatz und Begeisterung diese einzigartige Naturvielfalt erlebt, erfahren und vermittelt. Für junge Menschen wird es im Freiwilligen Ökologischen Jahr und im Bundesfreiwilligendienst möglich, sich ein Jahr lang quasi ehrenamtlich im Naturschutz zu engagieren, sich selbst zu finden, sich zu orientieren und beruflich Perspektiven zu finden.

So ist auch dieses „Handbuch für kleine Wattforscher“ entstanden. Ich hoffe, dass dieses Heft insbesondere Kindern hilft, die wunderbare Wattenlandschaft, den Lebensraum Küste, in dem wir leben, besser zu verstehen, eine Bindung dazu aufzubauen und alles zu tun, diese Naturlandschaft, unsere einzigartige Heimat, zu erhalten und zu schützen.

Viel Spaß beim Lesen, Forschen und Entdecken wünscht

Uilke van der Meer
Leiter Nationalpark-Haus Dornumersiel
www.nationalparkhaus-wattenmeer.de/dornumersiel

Inhalt

Ein aufregender Urlaub beginnt

Gleich ist es soweit! Ungeduldig rutscht Lisa auf dem Sitz hin und her. Ihre Nase ist schon ganz platt, so gespannt schaut sie zum Zugfenster hinaus. Nur noch drei Minuten, dann kommt sie in Esens am Bahnhof an, wo sie von Jonas, ihrem Cousin sicher schon sehnsüchtig erwartet wird. Urlaub an der Nordsee – so ganz ohne Eltern – bei Jonas, der ihr schon seit Jahren von dieser einzigartigen Naturlandschaft vorgeschwärmt hat. Endlich wird Lisa die Nordsee und alles, was dazugehört, mit eigenen Augen sehen und kennenlernen können.

„Esens, Ostfriesland. Dieser Zug endet hier", ertönt die Lautsprecheransage. Sofort schnappt sich Lisa ihren Rucksack und stürmt aus dem Zug, geradewegs in die Arme von Tante Ulla und Jonas: „Schön, dass du hier bist! Herzlich willkommen an der Küste!"

Schon auf der Heimfahrt strahlen beide Kinder um die Wette, in der Erwartung wundervoller Tage, die nun vor ihnen liegen. In Dornumersiel empfängt sie Onkel Onno. Die Fischermütze auf dem Kopf scheint er nie abzusetzen, denkt Lisa, sie kann sich zumindest nicht entsinnen, ihn jemals ohne sie gesehen zu haben. „Sicherlich bist du ordentlich müde von der Fahrt", meint der Onkel. „Jetzt ruh' dich erst einmal bei einer gemütlichen Tasse Ostfriesentee aus."

Nein, müde ist Lisa kein bisschen, aber Tee trinkt sie dennoch gerne mit – natürlich mit einem ordentlichen Stück Kluntje darin. Doch gleich danach möchte Lisa zum Meer laufen, auf das sie sich schon so lange freut.

Zauber der Gezeiten: Ebbe und Flut

„Über den Deich schauen wir auf jeden Fall zusammen, aber ich bezweifle, dass wir das Meer sehen werden – Flut war nämlich heute Mittag. Doch dann zeige ich dir einfach das Watt", plant Jonas bereits den ersten Ausflug. „Was willst du mir zeigen? Watt? Ist das dieser braune Matsch, von dem du erzählt hast? Der auf den ersten Blick so langweilig aussieht, in dem sich aber unvorstellbar viel Leben tummelt?"

„Genau. Dieser Matsch ist der wichtige und einzigartige Lebensraum für die Tiere und Pflanzen des Wattengebietes. Er entsteht folgendermaßen: Das Meer spült mit seiner Strömung Muschelreste, Sand und abgestorbene Pflanzenteile an die Küste. Diese Bestandteile kommen vom Meeresboden weit draußen, zudem werden sie vom Wasser der Flüsse, zum Beispiel der Ems oder der Elbe, aus dem Binnenland mitgebracht. Mit jeder Flut bringt das Wasser neues ‚Wattbaumaterial' mit. Bei jeder Ebbe, wenn das Wasser abläuft und das Watt trockenfällt, wird gleichermaßen ein bisschen Watt wieder weggespült."

„Aha. Ebbe und Flut. Meer, das einmal da ist, dann wieder verschwindet. Das klingt ein bisschen wie Zauberei – wie funktioniert das denn, dass das Wasser manchmal kommt und dann wieder geht? Und woher wisst ihr überhaupt im Voraus, wann das Meer da ist und wann nicht?"

„Ja", schaltet sich da Onkel Onno lachend mit ein, „die Gezeiten, wie wir Ebbe und Flut nennen, sind schon ein ganz geheimnisvolles und spannendes Phänomen. Das ist wirklich auch nicht ganz einfach zu verstehen, aber ich versuche es, euch ein bisschen anschaulich aufzuzeichnen."

„Zwischen der Erde und dem Mond bestehen für uns nicht sichtbare oder direkt spürbare Anziehungskräfte. Diese Kräfte sind nicht so stark, dass alle Bäume oder unsere Häuser vom Mond angezogen werden, aber sie reichen aus, um auf der Erde das Wasser im Meer, das jeweils dem Mond zugewandt ist, anzuziehen. So kommt es, dass auf großen Meeren ein Flutberg entsteht. Und zwar genau an der Stelle, an der der Mond über der Erde steht. Da sich die Erde dreht, „wandert" dieser Wasserberg entsprechend mit. Und mit dem Wasserberg die Flut. Neben der Anziehungskraft zum Mond hin, wirkt auf der entgegengesetzten Richtung die Fliehkraft. Durch die Fliehkraft bildet sich auf der dem Mond abgewandten Seite ebenfalls ein Wasserberg. Es herrscht also immer an zwei Stellen auf der Erde zur gleichen Zeit Flut. Hier im Wattenmeer haben wir also immer dann Flut oder Hochwasser, wenn der Mond gerade über Ostfriesland steht, und ein zweites Mal, wenn der Mond über Australien, auf der anderen Seite der Erde steht. Und da die Erde sich an einem Tag ziemlich genau einmal um sich selbst dreht, haben wir zwei Mal am Tag Hochwasser."

Lisa zieht die Stirn in Falten und kratzt sich den Kopf: „Puh, das ist wirklich gar nicht so einfach. Und ein bisschen kommt es mir immer noch wie Zauberei vor." „Ja, Lisa, da hast du auch recht! Es ist wie Zauberei. Auf, lass uns mal nach draußen gehen, dann sehen wir uns das lieber mal direkt vor Ort an."
Jonas nimmt Lisa an die Hand und schon laufen die beiden in Richtung Strand, um das trockengefallene Watt aus der Nähe zu bestaunen.

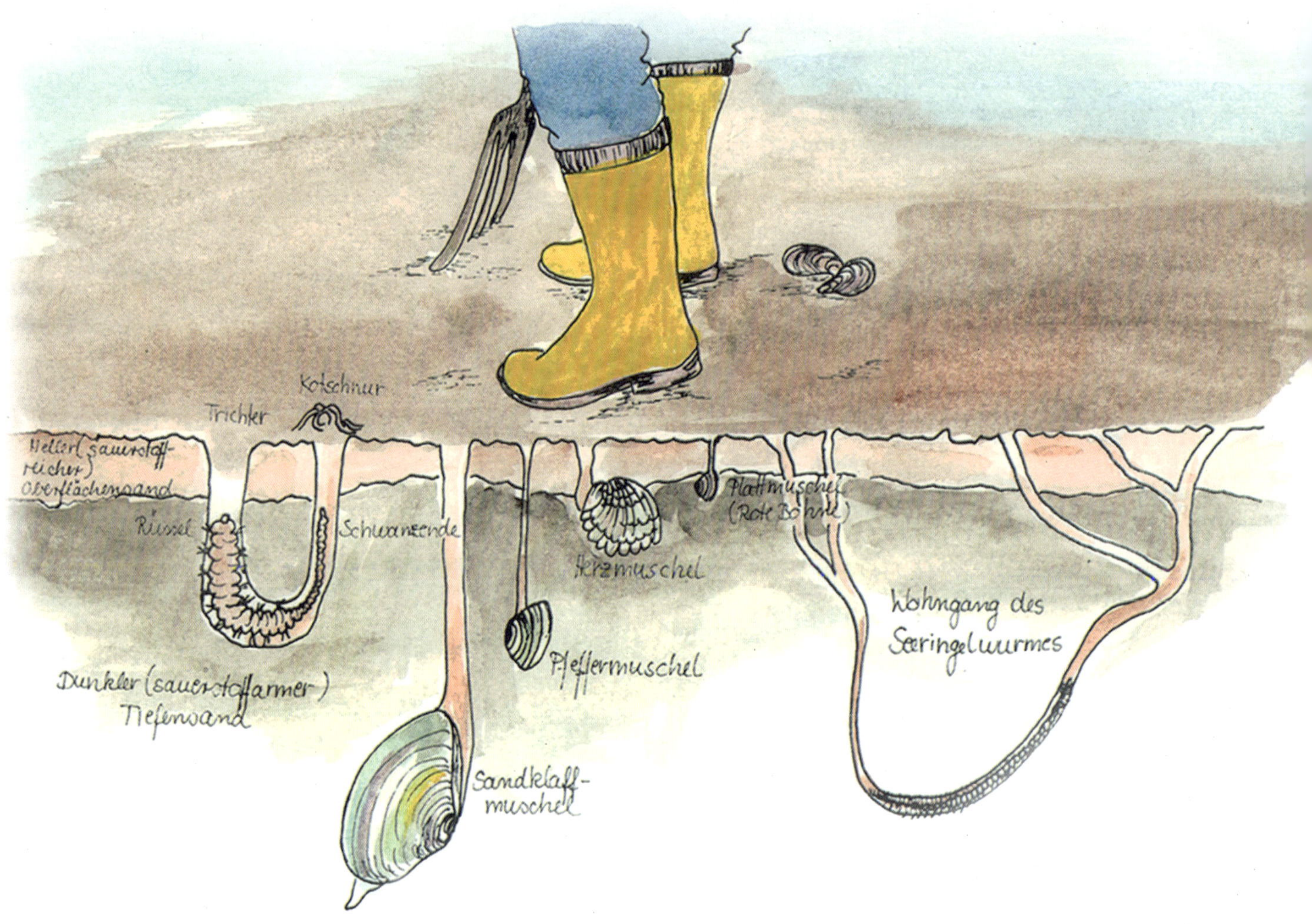

Fasziniert sitzen die beiden am Deich. Während Lisa noch still staunend auf die Wattflächen schaut, läuft Jonas schon vorweg und beginnt, mit dem großen Zeh im Wattboden vor sich hinzumalen. Bald wagt sich auch Lisa barfuß – Schritt für Schritt – in den Matsch hinein. „Sieh mal Jonas, in meinen Fußabdrücken ist der Wattboden sehr viel dunkler, wie kommt das denn?" „Das kann ich dir erklären, Lisa. In dieser dunklen Schicht, die unter der hellbraunen Oberfläche liegt, und die du mit deinen Füßen aufgedeckt hast, befindet sich nämlich kaum mehr Sauerstoff. Aber alle Tiere, die hier im Wattboden leben, die brauchen Sauerstoff zum Atmen, genau wie wir auch. Dieses Problem, dass der Sauerstoff in den tieferen Schichten kaum zu finden ist, haben die Wattbewohner optimal für sich gelöst. Alle versuchen, irgendwie Kontakt mit der oberen, sauerstoffreichen Schicht zu halten. Doch das ist nur eine der Schwierigkeiten, die mit dem Leben im Watt einhergehen.

Die Tiere haben noch mit weiteren Erschwernissen zu kämpfen. Ständig wechselt der Wasserstand: Mal gibt es sehr viel, dann wieder gar kein Wasser. Nur wenige Zentimeter unter der Oberfläche ist der Sauerstoff schon sehr knapp, und die Strömung der Gezeiten so gewaltig, dass jedes kleine Tier hoffnungslos weggespült würde, wenn .... ja, wenn die Tiere sich nicht spezielle Tricks ausgedacht hätten, um sich vor diesen Gefahren zu schützen und damit leben zu können."

Wattwurm und Co. auf der Spur

Staunend bleibt Lisa stehen: „Das ist wirklich unglaublich und eigentlich eine Höchstleistung, was diese kleinen Tiere Tag für Tag bewältigen müssen – richtige Überlebenskünstler sind das sozusagen." „Ja", lacht Jonas, „da hast du wirklich recht!" „Wie machen sie das denn, wie schützen sich die kleinen Tiere vor der Strömung?" Auch auf diese Frage hat Jonas eine Antwort: „Die meisten Tiere graben sich im Boden ein, viele sogar ziemlich tief. Dort unten sind sie relativ sicher vor der Strömung, gleichzeitig bleibt der Boden auch bei Ebbe noch feucht genug, sodass sie nicht austrocknen." „Das haben sie wirklich genial gelöst. Hm, ist aber eigentlich auch ein bisschen schade, denn so kann man all die Tiere ja gar nicht sehen. Das Watt, das hier vor uns liegt, das sieht relativ leblos aus. Wohnen hier unter unseren Füßen wirklich so viele Tiere? Das kann ich mir kaum vorstellen."

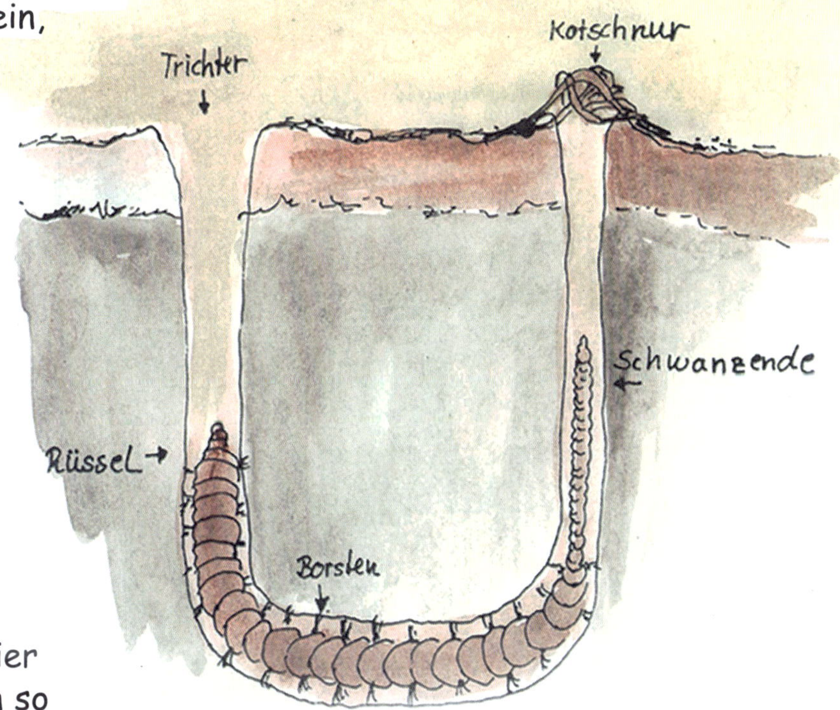

„Das stimmt, Lisa, das ist kaum zu glauben. Aber genau das ist für die Tiere noch ein zusätzlicher Schutz. Denn nicht nur wir können sie so nicht erkennen, sondern auch ihre Fressfeinde sehen sie so sehr viel schwerer. Aber wenn wir aufmerksam hinschauen und uns die Zeit nehmen, genau zu beobachten, dann können wir ihre Spuren finden. Hier zum Beispiel ist ein Wattwurm zu Hause", sagt Jonas und zeigt auf einen faustgroßen Sandhaufen, der ein bisschen an ein aufgerolltes Wollknäuel erinnert. „Oh ja, diese Sandspaghetti liegen bei genauem Hinsehen wirklich überall verstreut", lacht Lisa staunend.

Jonas erzählt, dass der Wurm sein ganzes Leben in seiner Wohnröhre verbringt. „Er lebt fast wie in einem Kuchen, denn er frisst das, was ihn umgibt und was er am liebsten mag: das Watt. Dieses Loch hier, das du neben jedem Sandhaufen findest, das entsteht dadurch, dass von oben immer neuer Sand nachfällt, wenn der Wattwurm frisst. Natürlich frisst er den ganzen Sand nicht, genau genommen reinigt er ihn eigentlich nur. In seinem Verdauungstrakt sucht er sich seine Leckerbissen, die winzigen Pflanzenteile heraus, die zwischen den Sandkörnchen stecken. Den gereinigten Sand scheidet er dann als Sandspaghetti wieder aus. – Sieh mal, Lisa! Wir haben Glück, da läuft gerade eine Gruppe aus dem Nationalpark-Haus zur Watterkundung los. Da können wir uns bestimmt hinzugesellen und mitstaunen, wenn uns die Mitarbeiterin mit ihrer Grabegabel zeigt, was es sonst noch für Würmer zu sehen gibt."

Lisa ist begeistert. Aufgeregt laufen die beiden Kinder der Gruppe hinterher, die sich langsam und vorsichtig ins Watt aufmacht. Lisa darf sogar einen Seeringelwurm in die Hand nehmen. Ein Seeringelwurm ist etwa zehn Zentimeter lang, schwimmt bei Flut im Wasser herum und lebt bei Ebbe in einem Röhrensystem im Boden. Bei Flut frisst der Seeringelwurm kleine Krebsarten, Garnelen, andere Würmer und auch Pflanzen. „Dieser dünne Strich, den du auf dem Rücken sehen kannst, ist sein Blutgefäß. An den Seiten hat er viele beinartige Borsten, mit denen er sich ganz schnell durch elegante Schlängelbewegungen wieder eingraben kann. Mit seinen vier Augen kann er sowohl seine Beute als auch seine Feinde sehr gut beobachten", erklärt die Mitarbeiterin aus dem Nationalpark-Haus.

Lisa hat die ganze Zeit fasziniert zugehört und gar nicht bemerkt, dass sie auf einmal in einer kleinen Pfütze steht. Ja, es wird Zeit, wieder an Land zu gehen, denn langsam kommt die Flut. Gemeinsam mit der Gruppe laufen die beiden zu den Fußduschen und spülen sich den Matsch von den Beinen. „Deine Wangen glühen ja richtig, Lisa", schmunzelt Tante Ulla, als alle gemeinsam beim Abendessen sitzen. „Und Appetit werdet ihr beiden ganz bestimmt auch haben!" Da nicken beide Kinder heftig mit den Köpfen.

Nach dem Essen fällt Lisa hundemüde ins Bett. Jonas erzählt ihr noch, was für morgen Spannendes geplant ist, doch das hört Lisa gar nicht mehr – sie ist schon eingeschlafen und träumt von Wasser, Wellen und Würmern.

Ein spannender Inseltag

„Aufstehen, Lisa“, rüttelt Jonas seine Cousine sanft aus ihren Träumen. „Wir wollen heute mit einem Fischkutter nach Langeoog schippern und den Tag auf der Insel verbringen.“ Verschlafen blinzelt Lisa erst noch ganz vorsichtig mit den Augen, doch als sie von diesen Plänen hört, springt sie sofort hellwach aus ihrem Bett: „Was für eine tolle Überraschung – ein ganzer Tag auf Langeoog!“ Schnell wie der Wind ziehen sich beide an und packen ihre Rucksäcke. „Auf keinen Fall darfst du dein Fernglas vergessen“, rät Jonas. „Wenn wir Glück haben, bekommen wir auf der Überfahrt Seehunde zu Gesicht, mit dem Fernglas können wir die sich sonnenden Tiere mit dem nötigen Abstand sehr viel besser betrachten. Aber auch zur Vogelbeobachtung ist das Fernglas für unseren Ausflug unverzichtbar.“

Tante Ulla hilft beim Broteschmieren und binnen kürzester Zeit sind die beiden Abenteurer abfahrbereit. Die Fahrräder stehen schon vor der Tür und Onkel Onno begleitet die beiden noch bis zum Hafen. Dort werden die Inselforscher auf der „Atlantis“ von Fischer Rosenboom, einem alten Freund von Onkel Onno, schon erwartet. „Moin ihr beiden, da seid ihr ja. Dann kann es gleich losgehen!“ Jonas' Vater hat mit Fischer Rosenboom abgesprochen, dass er die beiden Forscher am Hafen absetzt und gegen Abend wieder mit ihnen zurückschippert. Auf Langeoog brauchen die beiden keine Begleitung, die Insel kennt Jonas so gut wie seine eigenen Hosentaschen.

Wie zwei alte Seefahrer lehnen Lisa und Jonas an der Reling und winken Onkel Onno bei der Abfahrt noch zu, bevor sie sich zu Fischer Rosenboom in die Kajüte stellen. „Wenn ihr zum Strand rüberschaut, seht ihr, wie das Watt an einigen Stellen noch ziemlich trocken liegt. Im Moment haben wir auflaufendes Wasser, was bedeutet, dass absolutes Niedrigwasser vor zwei Stunden war und das Wasser seitdem wieder zu steigen beginnt. Wir fahren hier in einem Priel, einer kleinen wasserführenden Rinne, die sozusagen unsere Fahrstraße darstellt. Die Priele bilden ein ausgeprägtes und eng verzweigtes Rinnensystem. Teilweise fallen die Priele während der Ebbe trocken und ihr Verlauf ist dann kaum mehr zu erkennen. Im engeren Sinne zählt dieses Rinnensystem zum Wattenmeer dazu."

Fischer Rosenboom zwinkert den beiden Seefahrern zu und lässt sie sogar für kurze Zeit das Steuer übernehmen. „Die größeren wasserführenden Rinnen bezeichnen wir auch als Baljen. Diese Rinnensysteme sind während der Ebbe für Flutgäste wichtige Rückzugsgebiete. Flutgäste sind die Meeresbewohner, die während des Hochwassers auf der Wattfläche nach Nahrung suchen." Der Fischer lächelt, während seine Augen über die Wellen schweifen. „Viele Fisch- und Krebsarten, wie etwa die Sandgarnele, die bei uns an der Küste auch unter dem geheimnisvoll klingenden Namen Granat oder einfach Krabbe als beliebter Speisekrebs gehandelt wird, gehören zu den Flutgästen dazu."

„Am besten packt ihr schon mal eure Ferngläser aus. Gleich kommen wir an den Sandbänken vorbei, auf denen sich meist einige Seehunde aufhalten. Sandbänke sind Ablagerungen von Sandmassen, die das Meer herantransportiert hat. Sandbänke können sich so weit erhöhen, dass sie selbst zur Flut nicht mehr völlig vom Wasser bedeckt werden. Als ruhige und störungsfreie Bereiche bilden sie so wichtige Mauser- und Rastplätze für einige Vogelarten. Für das Überleben des Seehundes sind die Sandbänke vor allem als Liege-, Setz- und Säugeplätze von besonderer Bedeutung. Da sich aber nicht jede Sandbank zu jeder Zeit als Rückzugsort eignet, suchen die Tiere während des Niedrigwassers immer wieder solche Bänke auf, die nahe an tiefen Prielen liegen, in die sie bei Gefahr abtauchen – flüchten – können. Diese Sandbänke sind die traditionellen Seehundbänke."

„Größte Bedeutung kommt den sogenannten Mutterbänken zu, auf denen in den Sommermonaten die Seehundjungen geboren werden. Schon die Setzzeit stellt enorme Anforderungen an die Seehunde, daher ist es dann besonders wichtig, dass die Tiere vor Störungen und Beunruhigungen jeglicher Art, vor allem durch zu nah vorbeifahrende Schiffe, geschützt werden. Gerade für uns Fischer ist es daher wichtig, dass wir den Mindestabstand von 500 Metern zu den Sandbänken jederzeit einhalten."

Während Fischer Rosenboom dies erzählt, hebt er den rechten Arm nach vorne und weist auf eine flache Erhebung aus Sand: „Da liegen sie schon!" Aufgeregt zeigt jetzt auch Lisa nach Westen und schaut konzentriert durch ihr Fernglas. „Sogar ein paar Junge tummeln sich unter den Seehunden! Durch das Fernglas kann ich die einzelnen Mitglieder der Gruppe wirklich gut erkennen." Jetzt stehen alle drei mit den Ferngläsern vor den Augen an der Reling und schauen den Seehunden, diesem Charaktertier der Nordseeküste und dem einzigen Meeressäuger, von dem heute noch ein größerer Bestand im Wattenmeer lebt, beim Sonnenbaden zu. „Insgesamt leben etwa 8.000 Tiere im niedersächsischen Wattengebiet", weiß Fischer Rosenboom zu berichten.

Lisa kichert und scherzt: „Irgendwie ist das doch lustig! Wenn wir mude sind, dann ruhen wir uns doch auch auf einer Parkbank aus. Die Seehunde machen genau das gleiche, nur sind ihre Ruhebänke aus einem anderen Material gebaut, erfüllen aber den gleichen Zweck." Über diesen Vergleich muss der Fischer schmunzeln.

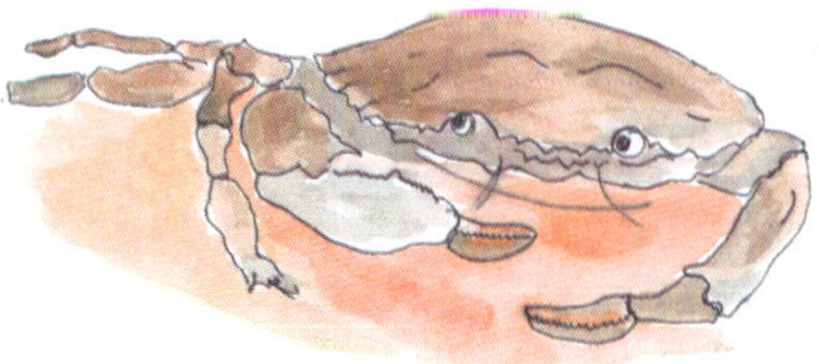

Langsam nähert sich die „Atlantis" der Insel, der Dieselmotor klopft gleichmäßig unter ihren Füßen vor sich hin. „Die wie an einer Perlenkette aufgereihten Ostfriesischen Inseln sind nicht, wie oft geglaubt, Überreste eines ehemaligen Festlandes", erklärt der Fischer, als sie Kurs auf den Hafen von Langeoog nehmen. „Sie sind vielmehr erst vor rund 2.000 Jahren aus Sandbänken und Dünen entstanden. Heute bilden sie, gemeinsam mit den Riffbögen und Sandbänken, eine Barriere gegen Sturmfluten und tragen somit entscheidend zum Aufbau und Schutz der Watten bei. Aber nun ist Schluss mit den Erklärungen, jetzt wünsche ich euch lieber einen unvergesslichen Tag auf Langeoog. Gegen 17 Uhr liege ich wieder im Hafen und hole euch ab." Ruhig und sicher führen seine Hände das Steuer, als sie in den Inselhafen einfahren.

Kaum sind die beiden von Bord, laufen sie als erstes zum Strand. Schon lange freut sich Lisa darauf, dort Muschelschalen zu sammeln, aus denen sie sich eine Kette basteln will. Muschelschalen kann man auf den Inseln nämlich viel besser sammeln als auf dem Festland, das hat ihr Jonas schon erzählt. Die Schalen werden aus dem offenen Meer angespült und auf dem Weg zum Festland quasi bereits auf den Inseln abgefangen. Je nach Windrichtung sind die Strände an manchen Stellen voll von Muschelschätzen.

Wenn du deine gesammelten Muscheln vorsichtig mit einem Handbohrer durchbohrst, kannst du sie auf einem Lederband auffädeln und so wunderschöne Ketten basteln.

Auch am Strand kannst du zur Muschelkünstlerin oder zum Muschelkünstler werden, indem du mit den Muschelschalen dekorative Mosaike legst.

Schick in Schale: Muscheln

„Muschelschalen sind eigentlich ja nur noch die verlassenen Gehäuse der toten Tiere. Zu einer lebendigen Muschel gehören nämlich meist zwei Schalen, die miteinander über eine Art Scharnier verbunden sind. Diese harte Hülle ist wie ein Panzer, der dem darin lebenden Tier aus Fleisch, Muskeln und Organen den nötigen Schutz bietet", erklärt Jonas. Mit Ausnahme der Miesmuschel leben alle Muschelarten des Wattengebietes eingegraben im Wattboden. „Uh, ganz schön dunkel und eingeengt muss es da ja sein", denkt sich Lisa. „Kriegen die Tiere dort unten im Wattboden überhaupt genug Luft zum Atmen?", fragt sie.

„Genau, auch Muscheln brauchen Sauerstoff zum Atmen", erläutert Jonas. „Um im Watt eingegraben atmen zu können, haben die Muscheln einen oder zwei Siphone, das ist eine Art Schnorchel, ausgebildet. Der Sipho stellt für die Muschel eine Verbindung zum Wasser her, wo sie ihren Sauerstoff rauszieht. Je tiefer im Wattboden die Muschel sich eingegraben hat, desto länger muss der Sipho sein, wie so eine Art Strohhalm. Durch ein ausgeklügeltes Filtersystem im Sipho filtert die Muschel nicht nur den im Wasser vorhandenen Sauerstoff, sondern auch winzig kleine Organismen als Nahrung heraus. Das gefilterte und gereinigte Wasser strudelt die Muschel dann durch ein zweites Rohr, einen anderen Sipho, wieder aus. Wenn das Watt trockenfällt und Erschütterungen oder Schatten einen Feind verraten, zieht die Muschel ihren Sipho blitzschnell wieder ein, um sich nicht zu verraten."

Ausdauernd sammeln Lisa und Jonas sorgsam die schönsten Schalen auf und setzen sich nach einer Weile in den Sand, um ihre Schätze zu begutachten. Jonas kann Lisa einiges über die Muscheln erzählen. „Diese hier ist die Herzmuschel. Die kannst du gut an ihren tiefen Rillen auf der Schale erkennen, sie ist eine recht robuste Muschelschale." „Oh, und wenn man sie von der Seite betrachtet, kann ich mir schon denken, woher sie ihren Namen hat", hat Lisa schon entdeckt. „Genau", bestätigt Jonas Lisas Vermutung. „Die Herzmuschel lebt einige Zentimeter unter der Oberfläche des Wattbodens. Gestern, als wir im Watt rumspaziert sind, hast du sie sicher unter deinen Füßen gespürt", erzählt Jonas weiter.

„Und das hier, diese etwas kleinere Muschel mit dem feinen ringförmigen Streifenmuster, das ist die Plattmuschel. Von den Küstenbewohnern wird sie oft ‚Rote Bohne' genannt. Ihre farbigen Ringe können sowohl zartrosa als auch bräunlich gefärbt sein. Auch die Plattmuschel kann sich, so wie die Herzmuschel, mit ihrem Grabfuß schnell wieder eingraben, wenn sie einmal freigespült wird."

„Ein bisschen größer, aber auch mit bunten Ringen, ist die recht runde Pfeffermuschel. Die Pfeffermuschel hat sogar zwei Siphone, Herz- und Plattmuschel haben nur einen Sipho. Die Pfeffermuschel saugt mit dem einen Sipho den Wattboden nach Nahrung ab, mit dem anderen spült sie das eingesogene Wasser gefiltert wieder aus", erzählt Jonas seiner Cousine. „Und diese große weiße, das ist die Schale der Sandklaffmuschel. Sie ist mit einer Breite von ungefähr 15 Zentimetern die größte Muschel, die im Wattenmeer zu finden ist. Bis zu 30 Zentimeter tief lebt sie im Boden, und ab einer bestimmten Größe ist die Muschel zu schwer, um sich selbst wieder eingraben zu können, wenn sie einmal freigespült wird."

„Da hat die Miesmuschel, das ist diese bläulich-violette Muschelschale, besser vorgesorgt, und das, obwohl sie sich gar nicht eingräbt. Sie hat eine ganz besondere Taktik entwickelt, um sich vor der Strömung zu schützen. Und zwar heftet sie sich mit Eiweißfäden, die sie selbst in einer speziellen Drüse produziert, an Muschelschalen, Steinen oder anderen festen Gegenständen fest. Auf ‚schlau' heißen diese Fäden, die wirklich enorm robust und haltbar sind, übrigens Byssusfäden", weiß Jonas. „Heute ist die Miesmuschel die einzige Muschelart, die sich nicht im Watt eingräbt, sondern auf der Wattoberfläche lebt. Früher gab es noch Austern, die haben ebenfalls auf der Oberfläche gelebt. Jetzt sind sie hier leider ausgestorben. Nur ein paar Schalen findet man noch am Strand."

Lisa ist ganz fasziniert von den verschiedenen Muscheln und wäscht ihre Schätze noch einmal sorgsam ab, bevor sie sie sicher in ihrem Rucksack verstaut. Dann laufen die beiden durch die Dünen zurück auf die andere Inselseite, wo sich eine Reihe verschiedener Vogelarten tummelt. „Für die Vögel scheint der Wattboden mit seinen unzähligen Bewohnern der Unterwelt wirklich ein reich gedeckter Tisch zu sein", stellt Lisa fest. „Das ist wahr", bestätigt Jonas, „doch insbesondere Vögel nutzen neben dem Watt als Futterstätte auch die Salzwiesen, diesen natürlichen Übergang vom Land zum Meer, an denen wir gerade entlangspazieren. Leider sind große Flächen der Salzwiese mittlerweile vom Menschen zerstört worden, sodass den Vögeln ein wichtiges Rast- und Brutgebiet genommen wird."

LASS
DEINE
SILBERMÖWE
FLIEGEN
So kann dir
auch zu Hause
eine Silbermöwe
um den Kopf kreisen.
Schneide einfach den
Körper und die Flügel aus. An
den gestrichelten Linien knickst
du die Flügel leicht und schiebst
sie durch den Spalt am Bauch der
Möwe. Jetzt befestigst du 2 Fäden
an den beiden Punkten und schon fliegt
deine Silbermöwe los!

Die beiden Bastelbögen vorsichtig an den Perforationen heraustrennen – viel Spaß beim Basteln!

MEIN NORDSEE – MEMORY

Schneide die Einzelteile aus – viel Spaß beim Spielen!

Von Queller bis Strandnelke – in der Salzwiese

„Salzwiese?“, fragt Lisa, „kannst du mir noch ein bisschen genauer erklären, was das ist?“ „Gerne“, lächelt Jonas und beginnt zu erzählen. „Gestern hat uns Papa ja von den Gezeiten erzählt, von Ebbe und Flut. Da der Wasserstand sich hier im Küstengebiet ständig verändert, gibt es eine Uferzone, die manchmal trocken liegt, dann aber wieder vom Meerwasser überflutet wird. Und in diesem Streifen, wo das Wasser bei Flut seinen höchsten Stand erreicht, und der also nur etwa alle zehn Stunden überflutet wird, da siedeln sich ganz besondere Pflanzenarten an. Diese Pflanzen sind allerdings wirklich sehr extremen Bedingungen ausgesetzt: Nicht nur müssen sie sich mit dem wechselnden Wasserstand arrangieren, noch dazu müssen sie auch damit klarkommen, dass die Fluten durch starke Winde häufig unterschiedlich hoch sind.
Die Pflanzen können sich also noch nicht einmal darauf verlassen, dass immer zu einer festen Zeit das Wasser gleich hoch steht. Das ist vor allem im Herbst bedeutend, wenn Sturmfluten mitunter das gesamte Land bis zu den Deichen überfluten. Außerdem, und das ist wahrscheinlich die größte Herausforderung für die Pflanzen, ist das ja kein ‚Gießwasser‘, was da vom Meer auf sie überschwappt, sondern Salzwasser.“

„Oh ja“, nickt Lisa, „darüber habe ich mir noch gar keine Gedanken gemacht. Was bedeutet das denn für die Pflanzen, wenn sie mit Salzwasser gegossen werden?“, fragt sie Jonas. „Wenn wir unsere Zimmer- oder Gartenpflanzen mit Salzwasser gießen würden, dann würden sie sehr bald verwelken und schließlich eingehen, da das Salz ihnen das Wasser entziehen würde, sodass sie durch das Gießen buchstäblich vertrocknen würden.“ „Wirklich? Wieso ist das denn so?“, wundert sich Lisa. „Und wieso leben diese Pflanzen hier in der Salzwiese dennoch ganz zufrieden unter diesen Bedingungen?“ Jonas verspricht Lisa, zu Hause ein gemeinsames Experiment zu starten, mit dessen Hilfe der Mechanismus besser zu verstehen ist.

„Die Salzwiesenpflanzen haben im Vergleich zu unseren normalen Zimmerpflanzen ganz erstaunliche Methoden entwickelt, um sich vor dem Vertrocknen, speziell dem Versalzen, schützen zu können. Wenn wir jetzt noch ein Stückchen weitergehen, kann ich dir die typischste Salzwiesenpflanze, den Queller, zeigen. Er hat ganz dicke Zellen und keine richtigen Blätter, und so erinnert er eigentlich eher an einen Kaktus ohne Stacheln. Der Queller nimmt Salz in seine Zellen mit auf. Das macht er, um die Salzverhältnisse außerhalb der Pflanze, also im Meerwasser, und im Pflanzeninnern in etwa gleich konzentriert zu halten. Nur so kann verhindert werden, dass der Pflanze zu viel Wasser entzogen wird. Der Queller wird auch ‚Grüne Salzstange' genannt; früher haben die Bewohner den Queller gegessen und etwa Salat daraus gemacht. Möchtest du mal probieren?", fragt Jonas und bietet Lisa eine grüne Salzstange an. Zögernd knabbert Lisa ein Stückchen Queller ab und verzieht dann das Gesicht. „Puh, ist das salzig."

„Ja, das ist allerdings wahr, sehr salzig ist dieses grüne Stängelchen in der Tat. Nach einem Jahr stirbt der Queller im Herbst sogar an ‚Versalzung', er verfärbt sich dann rot und vertrocknet ganz bald. Davor gibt er noch seine Samen ab, sodass auch im nächsten Jahr wieder Queller in der Salzwiese wachsen kann."

„Aber nicht alle Pflanzen lösen das Salzproblem so wie der Queller", erklärt Jonas weiter. „Hier etwas weiter oben, in den Bereichen, die nur sehr selten oder ausschließlich bei Sturmfluten unter Wasser stehen, haben sich sogar Pflanzen mit richtigen Blättern und Blüten entwickelt.

Auch sie haben gelernt, auf ihre Art und Weise mit den extremen Bedingungen zurechtzukommen. Zwar ist der Salzgehalt in der Luft längst nicht so hoch wie der im Wasser, aber dennoch müssen sich die Pflanzen mit speziellen Anpassungen wappnen, um hier – auch im Falle einer Überflutung durch Meerwasser – (über)leben zu können.
Bis so eine Salzwiesenlandschaft, wie wir sie vor uns sehen, entstanden ist, dauert es ungefähr 100 Jahre. Vorhin habe ich doch kurz erwähnt, dass viele Vögel diese Salzwiesengebiete nutzen. Für Vögel ist die Salzwiese vor allem im Sommer sehr attraktiv, da sie zu dieser Zeit nicht überflutet ist und daher ein ideales Brutrevier bietet. Zur Brutzeit ist es deshalb verboten, die Salzwiese zu betreten, damit niemand die brütenden Vögel unnötig aufscheucht oder gar aus Versehen auf die hervorragend getarnten Eier der Bodenbrüter treten kann. Aber dass sich die Vögel nicht nur im Sommer auf den Salzwiesenflächen aufhalten, sehen wir gerade selber mit eigenen Augen. Das ganze Jahr über nutzen sie diese Bereiche während der Flut, wenn sie nicht auf den Wattflächen nach Nahrung suchen können, als wichtige Rückzugs- und Ruheflächen. Die Vögel richten sich in ihrem Rhythmus nämlich nicht wie wir nach Tag und Dunkelheit, sondern sie passen ihre Ruhephasen den Gezeiten an: Liegt das Watt trocken, dann sind die Vögel unterwegs und suchen Nahrung. Wenn die Flut ihren „Buffet-Tisch" jedoch überschwemmt, dann ziehen sie sich auf höher gelegene Bereiche zurück und ruhen sich dort aus, um Kräfte für die nächste Nahrungssuche zu sammeln."

Fressen Austernfischer Austern?

„Was sind das denn für Vögel, die wir hier sehen können?", möchte Lisa wissen. Beide Kinder ziehen also wieder die Ferngläser hervor und suchen die Küste nach Vögeln ab. „Einen ganz typischen Wattbewohner kannst du dort auf der kleinen Erhebung sehen. Der Austernfischer ist das, mit seinem knallroten Schnabel und dem schwarzweißen Federkleid ist er kaum zu verwechseln", zeigt Jonas. „Der Austernfischer ist das ganze Jahr über hier zu sehen, er ernährt sich von Würmern, Schnecken, kleinen Krebsen und Muscheln – jedoch nicht von Austern, wie sein Name vermuten lässt."

„Hier gibt es aber noch ganz viele weitere Vogelarten, mit etwas Glück können wir hier rund 30 verschiedene beobachten. Was wir neben Glück aber vor allem dafür brauchen, ist Geduld. Wenn wir uns ruhig verhalten und eine Weile aufmerksam sitzen bleiben, dann können wir hier Rotschenkel, Sandregenpfeifer, Kiebitz, Bekassine und Uferschnepfe sehen, um nur ein paar der Wattvögel aufzuzählen", erklärt Jonas.

„Oh Lisa, sieh dort, wir haben Glück!", fährt er ganz aufgeregt fort und deutet auf einen etwas größeren, gut getarnten Vogel, der in sicherem Abstand auf- und abstolziert und mit seinem langen Schnabel im Boden rumstochert. „Erkennst du den braun gesprenkelten Vogel dort in der Salzwiese mit seinem langen, nach unten gebogenen Schnabel?" Lisa schaut konzentriert durch ihr Fernglas. Der Vogel ist dank seiner guten Tarnung wirklich nur schwer zu entdecken, dann aber erspäht sie den Brachvogel. „Der große Brachvogel ist nicht ausschließlich im Watt zu finden, man kann ihn auch in Sumpf- und Feuchtgebieten im Binnenland beobachten", erklärt Jonas. Fasziniert sehen beide Kinder mucksmäuschenstill dem majestätisch herumstolzierenden Vogel beim Fressen zu.

Nach ein paar Minuten tippt Lisa Jonas auf die Schulter und deutet wortlos auf einen weiteren Vogel mit auffälligem schwarzweißen Federkleid. Auch er hat einen imposant gebogenen Schnabel, der etwas an einen Säbel erinnert. „Das ist ein Säbelschnäbler", flüstert Jonas. „Siehst du, dass der Schnabel des Säbelschnäblers ebenfalls gebogen ist, allerdings im Gegensatz zum Brachvogel nach oben?" Lisa nickt. „Diese Schnabelform macht es dem Säbelschnäbler möglich, in der obersten Wattschicht herumzuschnäbeln, daher auch sein Name. Sobald er mit seinen hochempfindlichen Sensoren, die an seiner Schnabelspitze sitzen, einen Wurm oder Schlickkrebs ertastet hat, schnappt sein Schnabel blitzschnell zu." Lisa ist begeistert: „Das ist ja sehr praktisch gelöst, jeder Vogel hat seine eigene Methode entwickelt, um Nahrung zu finden. Und durch die verschiedenen Mechanismen, Schnabelformen und -längen kommen sie sich untereinander nicht in die Quere, sondern können gleichzeitig essen, denn hungrig sind sie ja alle."

„Allerdings, das ist schon ein wirklich ausgeklügeltes System von Spezialisten. Und das Wattenmeer ist wirklich ein Paradies für die hungrigen Vögel. Es bietet selbst im Sommer, wenn noch die hungrigen Mäuler ihrer Jungvögel mitgestopft werden müssen, genug Nahrung für alle. Und es gibt noch mehr Schnabelformen als die unterschiedlich gebogenen Exemplare, die wir schon bewundern durften. Die Schnepfenvögel zum Beispiel haben einen ganz langen geraden Schnabel, andere Vogelarten hingegen einen ganz kurzen, dafür aber sehr kräftigen Schnabel. Durch diese große Vielfalt erreichen die verschiedenen Vogelarten unterschiedlichste Tiefen und machen sich somit ihre ganz spezielle Nahrungsnische zu eigen. Einige Vögel sitzen sehr weit draußen auf den Wattflächen und suchen nach größeren Beutetieren, andere Arten stochern in kleinen Pfützen herum, manche sprinten behende am Spülsaum entlang und fressen blitzschnell die winzigen Krebse, Sandflöhe, Würmer, Muscheln und Schnecken, die mit dem Seetang, Holz und leider oft auch Müll angespült werden." „Die Vögel vermeiden somit Konkurrenz und alle werden satt", fasst Lisa zusammen. „Durch dieses einfache, aber sehr erfolgreiche System kommt es kaum zu Streitereien um einen Wurm."

„Allerdings", stimmt Jonas ihr zu. „Das Wattenmeer ist in seiner Art einzigartig auf der Welt. Insgesamt erstreckt sich dieses besondere Ökosystem entlang der deutschen, niederländischen und dänischen Nordseeküste. Nirgendwo sonst kann man täglich beobachten, wie sich Tiere, Pflanzen und das gesamte Ökosystem an die ständig wechselnden Bedingungen im Wattenmeer anpassen. Aus diesem Grund kann man das Wattenmeer seit Juni 2009 auch auf der Liste der Weltnaturerbestätten der UNESCO finden."

„Das ist ja spannend," sagt Lisa. „Eine Art Medaille für das Wattenmeer, da seid ihr bestimmt mächtig stolz drauf." „Ja", lacht Jonas, „stolz sind wir sicherlich auch darauf. Vor allem bedeutet diese Auszeichnung aber, dass das Wattenmeer einen besonderen Schutzstatus bekommt, dass es in dieser Einzigartigkeit weiter bestehen kann."

Magnetisch angezogen: Vogelzug weltweit

Die beiden hängen sich die Ferngläser um den Hals und machen sich langsam wieder auf den Weg, um noch weitere Ecken der Insel zu erkunden. Unterwegs erzählt Jonas Lisa von den unvorstellbar großen Vogelschwärmen, die man im Herbst hier an der Küste bestaunen kann. In dieser Zeit kommen noch einmal knapp 30 weitere Vogelarten hinzu, die sich im Wattengebiet sammeln, um dann weiter in den Süden zu fliegen, oder um hier bis zum Frühling zu bleiben. Viele von ihnen haben schon eine lange Reise hinter sich, sie kommen zum Beispiel aus Sibirien, Alaska, Grönland, wo es im Winter viel zu kalt für sie wird. Oft wird es so hoch im Norden zudem kaum mehr hell, auch Futter finden sie dort dann keines mehr, also müssen sie für die Winterzeit in den Süden „um"ziehen. Zugvögel nennt man sie daher. Manche leben im Sommer so hoch im Norden, dass ihnen für die Winterzeit die Temperaturen und das Nahrungsangebot hier im Wattenmeer ausreichen, andere fliegen enorme Strecken über viele Länder und sogar Kontinente hinweg zu ihrem Überwinterungsgebiet. „Auch die gerade erst geborenen Jungvögel machen sich auf die Reise in den unbekannten Süden, oft fliegen sie alleine, ohne dass ihnen die Eltern den Weg zeigen können. Sie nutzen die Sonne, die Sterne und das Magnetfeld der Erde, um sich zu orientieren und am richtigen Fleck zu landen."

Lisa schüttelt beeindruckt den Kopf. Wie sich die Zugvögel anhand der Sonne, der Sterne oder des Erdmagnetfeldes über Kontinente hinweg orientieren können, bleibt ihr ein Rätsel; findet sie es häufig schon schwierig genug, sich in einer fremden Stadt zurechtzufinden.

„Ja, das sind alles unvorstellbare Dimensionen, die diese kleinen Vögel bravourös bewältigen", stimmt Jonas ihr zu. „Große Teile der Strecke fliegen die Vögel am Stück und ohne Pause durch, so zum Beispiel, wenn sie über die Sahara fliegen müssen."

„Ohne Pause? Wann essen oder schlafen die Vögel denn dann?", fragt Lisa erstaunt. Jonas grinst – und erklärt: „Sie fressen sich ihren Reiseproviant gewissermaßen vor dem Flug an, und den Schlaf holen sie nach, wenn sie gut gelandet sind. Um diese anstrengende Reise bewältigen zu können, nehmen viele der Zugvögel einen kleinen Umweg über unser Wattenmeer in Kauf. Im Frühling und im Herbst ist das Wattenmeer sozusagen eine zentrale Tankstelle für über vier Millionen Vögel. Hier ist eine Raststation, wo sie sich alle nötigen Reserven für den anstrengenden und langen Flug anfressen. Auch auf dem Rückweg machen sie hier noch einmal Station, um Kraft für das Brutgeschäft zu tanken. Ein paar Vogelarten verdoppeln hier buchstäblich ihr Gewicht." Lisa ist sprachlos und überlegt sich, was das für sie und umgerechnet auf ihr eigenes Gewicht bedeuten würde, „das ist ja kaum zu schaffen", denkt sie laut vor sich hin. „Ja, das sind wirklich unvorstellbare Mengen, die so ein kleiner Vogel hier fressen muss, um im Wintergebiet anzukommen und die Reise heil zu überstehen", stimmt Jonas ihr zu.

Allmählich wird es Zeit, zum Hafen zurückzukehren. Dort wartet Fischer Rosenboom auch schon mit seinem Kutter. Wie im Fluge ist die Zeit vergangen, zu gerne wären beide Kinder noch länger auf der Insel geblieben.

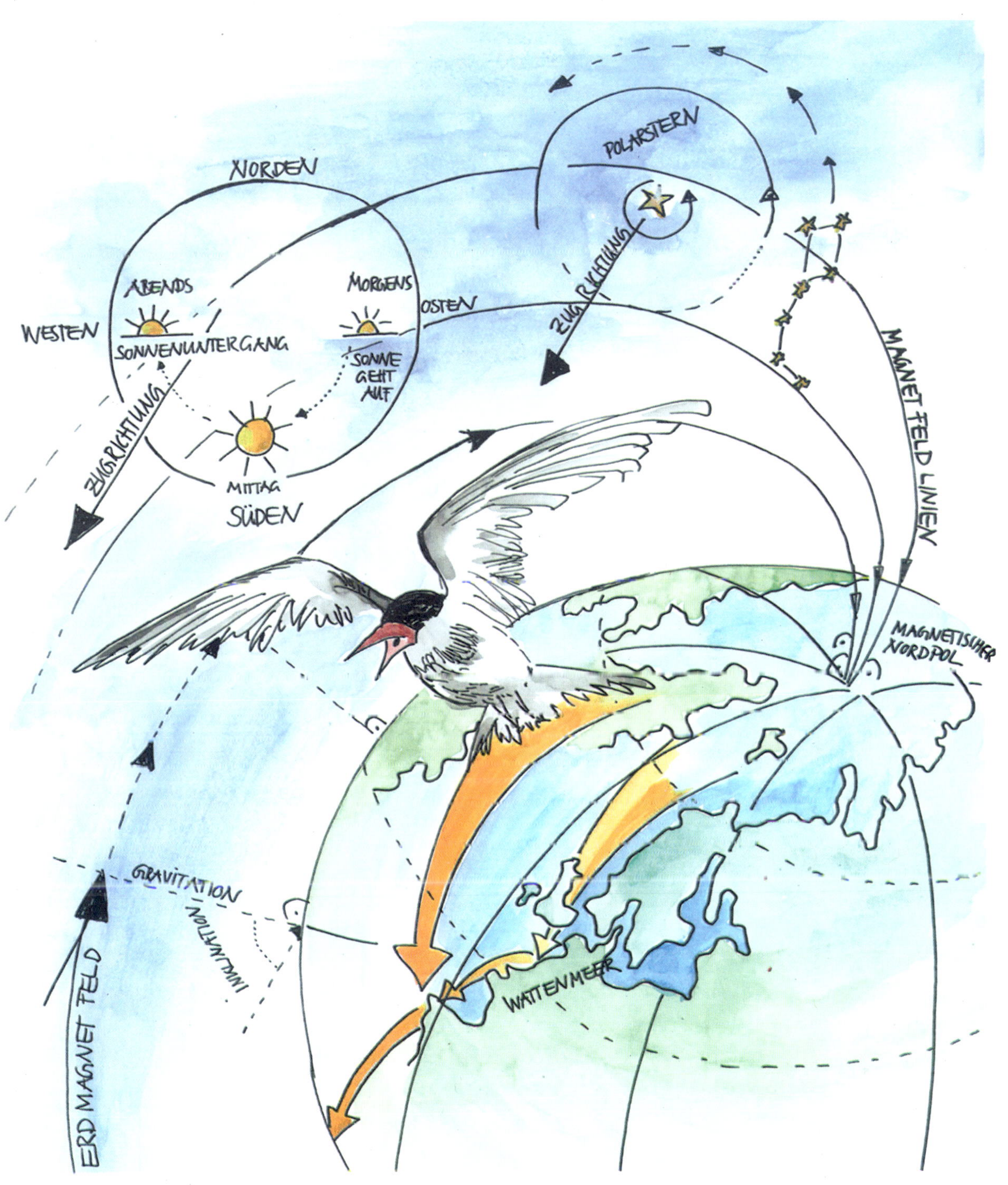

Lacht die Lachmöwe?

Auf der Rückfahrt begegnen sie einem anderen Kutter, hinter dem ein riesiger Schwarm Möwen herfliegt. Der alte Rosenboom erklärt, dass die Fischer die kleinen Fische aus dem Fang über Bord werfen und die Möwen gelernt haben, von dieser leichten Beute zu profitieren. „Die Möwen haben sich schnell an den Menschen gewöhnt, sehr scheu sind sie nicht gerade. Sobald etwas zu fressen in Aussicht ist, kennen sie kein Pardon. Pass' nur auf, dass sie dir nicht im Sturzflug dein Eis oder deine Pommes frites aus der Hand reißen, wenn du nichtsahnend damit am Deich entlangspazierst", warnt der Fischer und lächelt verschmitzt.

„Aber Möwe ist nicht gleich Möwe", schaltet sich Jonas ein und erklärt: „Hier gibt es ganz verschiedene Arten von Möwen. Die beiden bekanntesten Arten sind die Lach- und die Silbermöwe. Die Lachmöwe ist die kleinere der beiden, und im Sommer, wenn sie ihr Prachtkleid trägt, kann man sie ganz einfach an ihrem schwarzen Köpfchen erkennen. Sonst ist ihr Körper weiß mit silbergrauen Flügeloberseiten."

„Lacht die Möwe besonders viel – oder woher kommt der Name?", will Lisa wissen. „Könnte man denken", sagt Jonas. „Ihren Namen hat sie aber aus einem anderen Grund. Die Lachmöwe hält sich ganz häufig auch im Binnenland, also hinter dem Deich, auf und dort vor allem an großen Wasserlachen. Inzwischen ist sie die in Europa am weitesten verbreitete Möwenart. Sie ist sowohl im Binnenland an Süßwasserseen als auch am Salzwasser der Nordsee zu finden. Im Herbst, nach der Brutzeit, verliert die Lachmöwe ihre charakteristische schwarze Kopffärbung. Im Schlichtkleid, das sie im Winter trägt, ist der Kopf einheitlich weiß, nur kleine dunklere Flecken, die ein bisschen an Ohren erinnern, bleiben übrig."

„Wesentlich größer als die Lachmöwe ist die Silbermöwe", erklärt Jonas weiter. „Der Kopf der Silbermöwe ist weiß, ihre Flügeloberseiten sind silbergrau und auf ihrem kräftigen gelben Schnabel kannst du einen klaren roten Punkt sehen. Dieser rote Punkt ist für die Jungvögel ganz besonders wichtig: Sie picken gegen diesen Signalpunkt am Elternschnabel, wenn sie gefüttert werden möchten. Daraufhin würgen die Altvögel den vorverdauten Nahrungsbrei für ihre Jungen hervor. Bei allen jungen Möwen ist das Gefieder anfangs zur besseren Tarnung noch stark von braunen Federn durchsetzt. Dieses Tarnkleid der Jungvögel wird erst nach und nach durch weiße Federn ersetzt. Diesen Vorgang, den Federwechsel der Vögel, nennt man Mauser."

„Die Möwen breiten sich hier langsam so stark aus, dass sie zur Gefahr für kleinere Vogelarten werden", schaltet sich Fischer Rosenboom in das Gespräch ein. „Vor allem die Silbermöwe frisst mit ihrem kräftigen Schnabel gerne auch mal die Eier anderer Bodenbrüter. Außerdem beansprucht sie schon allein durch ihre große Anzahl sehr viel Platz, der anderen Vogelarten dann oft als Brutplatz fehlt."

„Das stimmt", bestätigt Jonas die Ausführungen des Fischers und ergänzt: „Daher ist es auch besonders wichtig, dass wir Menschen sie nicht noch zusätzlich füttern, auch wenn das sicherlich Spaß machen kann. Überall, wo wir auf unnatürliche Weise in einen Lebensraum eingreifen, besteht die Gefahr, dass das Zusammenleben darin aus dem Gleichgewicht gerät. Wenn die Möwen im Sommer, wenn es hier von Besuchern nur so wimmelt, zusätzlich gefüttert werden, führt das dazu, dass mehr Vögel überleben als es unter natürlichen Bedingungen der Fall wäre. Im Winter sehen wir hier dann sehr viele schwächere Vögel. Oft weichen diese schwächeren Vögel dann auf Müllkippen aus, um dort nach Nahrungsresten zu suchen, und ihre Zahl nimmt ständig zu."

Langsam geht der Ausflug seinem Ende zu. Der Kutter fährt wieder in den Hafen von Dornumersiel ein, wo Tante Ulla die Inselforscher in Empfang nimmt. „Na, habt ihr einen aufregenden Tag hinter euch?", begrüßt sie die Kinder fragend. Als Antwort strahlen ihr zwei glückliche Gesichter entgegen. Zum Erzählen sind die beiden abends zu müde, sie krabbeln nach dem Essen glücklich und zufrieden unter ihre Bettdecken und schlafen sofort ein.

Das Wattenmeer braucht unseren Schutz

Gleich am nächsten Morgen holen die beiden das Erzählen nach und lassen das Erlebte dabei noch einmal Revue passieren. „Das Wattenmeer ist wirklich ein sehr bedeutsames Gebiet für unzählige Tier- und auch Pflanzenarten", stellt Lisa erneut fest. „Ja, diese weite Landschaft ist auf der Welt einzigartig. Und ohne diesen besonderen Lebensraum gäbe es hier nicht so viele verschiedene Tiere, und niemals solche spannenden Dinge zu entdecken", stimmt Jonas ihr zu. Onkel Onno nickt, zieht aber gleich darauf die Stirn etwas in Falten und gibt zu bedenken: „Das ist schon ein sehr einmaliger Lebensraum.

Ein Lebensraum, in dem auch du und ich leben – sei es als Besucher, als Fischer, als Naturschützer oder seit Generationen als Einheimischer in ganz unterschiedlichen weiteren Berufen. Umso wichtiger ist es, dass wir uns dieser Einmaligkeit der Natur bewusst sind und sie entsprechend schützen, und nicht durch Verschmutzung, Überschützung oder anderes Fehlverhalten zerstören." Beide Kinder nicken ganz andächtig und grübeln im Stillen vor sich hin, was sie selbst dazu beitragen können, um diese einmalige Landschaft zu schützen und so zu erhalten.

Tante Ulla schlägt vor, zum Tagesauftakt einen gemeinsamen Strandspaziergang zu unternehmen. Diese Idee wird begeistert aufgenommen. Am Strand sind auf den Schautafeln des Nationalpark-Hauses noch viele neue Dinge über das Wattenmeer und seine Bewohner zu erfahren. „Dass der Mensch diesen Lebensraum auch für sich selbst nutzt, hat schon eine lange Tradition. Die Bevölkerungszahlen sind mittlerweile aber sehr viel weiter angestiegen, und außerdem sind im letzten Jahrhundert auch Maschinen und viel mehr Autos hinzugekommen. Insgesamt gehen wir Menschen sehr viel rücksichtsloser mit der Natur um, überall sind unsere Spuren zu erkennen, wie hier zum Beispiel diese Teerklumpen, die so widerlich an den Füßen kleben bleiben." Zur Verdeutlichung zeigt Onno auf einen seiner teerverschmierten Füße. „Nur mit ordentlich Geschrubbe und einem kleinen Schuss Benzin bekommt man seine Füße davon wieder gesäubert. Leider wackelt der Mensch aber noch in vielen anderen Bereichen im Lebensraum Wattenmeer am natürlichen Gleichgewicht und hindert es daran, sich wieder einzupendeln und selbst zu regulieren", seufzt Onno und zieht die Stirn in Falten.

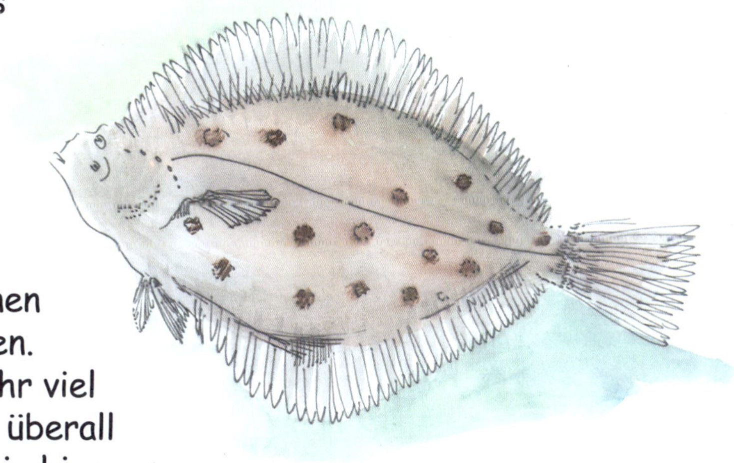

„Schau'n wir uns das mal am Beispiel der Seehunde an. In einem Sommer, in dem es viele Seehundbabys gibt, würden beispielsweise, ohne dass der Mensch eingreift, sehr viel mehr Fische gefressen, als das in einem Jahr mit weniger Seehundsnachkommen der Fall wäre. Als natürliche Folge gäbe es also im nächsten Jahr weniger Fische. Das bedingt im Rückschluss dann wieder, dass aufgrund des geringeren Nahrungsangebots weniger Seehundbabys großgezogen werden können, das hat dann wieder zur Folge, dass mehr Fische überleben, und so weiter. Die Natur hat ihre eigenen Mechanismen, um auf solche kurzzeitigen Ungleichgewichte zu reagieren. Sie lässt Angebot und Nachfrage auf ihre Weise sich selbst regulieren und wieder im Gleichgewicht einpendeln."

„Durch den Eingriff des Menschen lässt sich dies jedoch nur noch bedingt aufrecht erhalten. Inzwischen sind die Fischer hinzugekommen. Ein Fischer fängt nicht nur so viel, wie er für sich und seine Familie, vielleicht noch für die Nachbarn, braucht. Nein, durch sehr viel effektivere Fangmethoden kann der Fischer heute sehr viel mehr fischen. Und er möchte sich auf eine konstante Fanggröße verlassen können, schließlich hängt sein Lebensunterhalt zu großen Stücken von einem verlässlichen Fang ab. Er verdient mit der Fischerei Geld, indem er die gefangenen Fische weiterverkauft. Und ihr könnt euch sicherlich vorstellen, dass die Größe seines Fangs zur Beute einer Seeschwalbe oder eines Seehunds in keinem Verhältnis steht."

Während Onno erzählt, wird Lisa immer nachdenklicher und fügt hinzu: „Am Gleichgewicht wackeln dann aber noch viel mehr: ja, die vielen Fabriken, die giftige Abwässer ins Meer einleiten oder die großen Tanker, die auf hoher See einfach mal ihre Öltanks leerwaschen." „Leider ja. Es gibt noch viel mehr Wege, über die sich der Mensch in dieses sensible Gleichgewicht einmischt und so dafür sorgt, dass die Natur mit dem Ausgleichen gar nicht mehr hinterherkommt. Durch sehr viel mehr landwirtschaftlich genutzte Flächen gehen Brutgebiete verloren und es gelangt mehr Gülle ins Wasser. Flugzeuge fliegen häufig über Vogelbrutgebiete, oder Besucher lassen ihre Drachen steigen, was dann dazu führt, dass die brütenden Vögel unnötig aufgeschreckt werden. Diese Liste kann schier endlos fortgesetzt werden, was täglich an Müll, Autoabgasen, Industrieabfällen und Gift in unkontrollierten Mengen in die Nordsee gelangt, und so das Leben von Millionen und Abermillionen Tieren gefährdet", ergänzt Onno.

„Noch schafft es die Nordsee, dagegen anzukämpfen", schaltet sich auch Tante Ulla in das Gespräch ein, „aber wenn wir so weitermachen, wird sie langsam immer kränker. Es ist unsere Aufgabe, bewusster mit unserer Umwelt umzugehen, statt weiterhin leichtsinnig das Leben von so vielen Tieren und Pflanzen zu gefährden. Etwas Schutz ist ja durch den Status als UNESCO-Weltnaturerbe und Nationalpark geboten, doch auch hier halten sich nicht alle Besucher an die Regeln, die für die Nationalpark-Zonen festgesetzt wurden. Aber für die Situation, wie sie sich heute zeigt, sind ja vor allem wir Erwachsenen verantwortlich. Und umso wichtiger ist es, dass wir erkennen, wie wertvoll und schützenswert unsere Umwelt ist. Und dass wir das so früh wie möglich auch an unsere Kinder weitergeben."

„So wie wir das gestern auf Langeoog gemacht haben", grinst Jonas. „Da haben wir auf unsere Weise die Insel erforscht und ihre faszinierenden Ecken für uns entdeckt und zu verstehen versucht."
Tante Ulla nickt. „Ganz genau, so könnt ihr selber alles erkunden und die Einzigartigkeit der Natur erkennen. Und sehen, wie wichtig es ist, sie zu bewahren und zu schützen."

Dann aber gibt sich Onno einen Ruck und setzt sich in den Sand. „So schlimm und gefährlich das alles auch ist: Es hat keinen Wert, wenn wir jetzt heute alle weiter Trübsal blasen. Wichtig ist, dass jeder Einzelne von uns sich für seinen Teil informiert, die Augen aufmacht und versteht, wo die Gefahren lauern, und wie wir uns dafür einsetzen, dass die Natur nicht noch weiteren Schaden nimmt. Und ich finde, dass diese Tage bei uns an der Küste Lisa vor allem in schöner und lebendiger Erinnerung bleiben sollen. Denn das ist sie doch, unsere Küste, unser Watt, unsere Nordsee – wunderschön, bezaubernd und faszinierend. Und gerade daher so schützenswert!"

„Da hast du wahrlich recht", pflichtet Tante Ulla ihm bei. „Und darum mache ich jetzt mal den Vorschlag, heute Abend bei uns im Garten ein kleines ‚Nordseeurlaubs-Fest' zu veranstalten. Jonas, wenn du möchtest, kannst du ja noch ein paar deiner Freunde fragen, ob sie Lust haben mitzufeiern."
Lisa und Jonas sehen sich an, sind im ersten Moment sprachlos über diesen Vorschlag, und stimmen dann einen Freudengesang an, in den bald die gesamte Vogelwelt um sie herum begeistert einfällt. Hand in Hand hüpfen die beiden nach Hause zurück und stürzen sich in die Vorbereitungen.

Gemeinsam mit Tante Ulla bereiten sie ein köstliches Buffet vor, auf dem sie sogar

Wattwürmer auftischen. Nein, nein, keine Sorge, natürlich keine echten Wattwürmer, das hast du dir sicherlich schon gedacht. Mit viel Geduld haben sie Weingummischlangen in flüssige Schokolade getaucht und in einer U-Form zum Trocknen auf den Teller gelegt. So sehen die Gummiwürmer ihren Artgenossen in den U-förmigen Röhrensystemen zum Verwechseln ähnlich.

Jeder der Gäste hat sich für dieses Fest etwas geradeso Originelles einfallen lassen, sodass es ein unvergesslicher Abend wird, an den sich alle noch lange Zeit sehr gerne zurückerinnern.

Auch für die folgenden Urlaubstage haben sich Lisa und Jonas ein spannendes Programm ausgedacht und sich einiges vorgenommen, um noch mehr über die Nordsee und das Wattenmeer zu erfahren.

Und du?

Was sind deine Urlaubspläne an der Küste? Hast du auch Lust bekommen, auf Entdeckungsreise zu gehen? Hier ist genug Platz für deine eigenen Abenteuer, deine Träume, deine Fragen und all deine Ideen. Denn Langeweile kann hier bei einem Urlaub an der Küste wirklich so gut wie gar nicht aufkommen.

FÜR MEINE FEDERSCHÄTZE

DU BRAUCHST:

- Ein gehobeltes Holzbrett (mindestens 3cm × 30cm × 10cm)
- Bleistift, Lineal
- Handbohrer mit Bohrern der Stärke 2 bis 6 mm
- Holzfeile und feines Schleifpapier

Als Naturforscher und Naturforscherin findest du sicher oft schöne Federn. Damit du deine Federsammlung jederzeit anschauen kannst, ohne sie erst aus einer Schachtel herauskramen zu müssen, bau dir doch diesen Federständer. Vielleicht hilft dir jemand dabei, aus dem Brett eine Vogelform auszusägen. Mit einer Feile rundest du die Kanten ab und glättest zum Schluß das Holz mit feinem Schleifpapier. Am besten spannst du das Holz zum Bohren in einen Schraubstock. Mit einem Handbohrer bohrst du jetzt in verschiedenen Größen die Löcher.

NORDSEE-
URLAUB
Mein Reisetagebuch

WATTENMEER –
KREUZ & QUER
7 Wie heißt die kleinste ostfriesische Insel?
4 Hat trotz ihres Namens nicht immer was zu lachen
1 Wie heißt die Nordseegarnele im Fischgeschäft
9 Wie heißt die Muschel, die als einzige auf dem Wattboden lebt?
8 Wo ruhen sich die Seehunde bei Flut aus?
3 Sieht aus wie ein Kaktus & wächst im Watt
6 Wodurch atmen die Musche
2 Von wem sind die "Sandspaghetti" auf dem Wattboden?
5 Welche Muschel vergräbt sich am tiefsten im Watt?
10 Welche Wiese bietet den Vögeln ein "Kaltes Buffet" an?
DIE BUCHSTABEN IN DEN SCHRAFFIERTEN FELDERN VERRATEN DIR EIN WUNDERSCHÖNES GEBIET: